어머니의 기도

지성 · 감성의 메타언어
조선문학시인선 · 289

어머니의 기도

구 용 서 시집

조선문학사

■ 책머리에

한 시대의 삶의 굴곡을 흘러오며 가슴 갈피에서 떠오르는 고불고불한 추억과 감상의 조각들을 모아 첫 시집을 세상에 내 보내게 되었습니다. 선명한 가을의 빛깔로 잘 익은 과일처럼 맛 나는 시로 떨궈 내고 싶은데 종이를 앞에놓고 먹을 가는 시간은 길어만 가고, 눈에는 세월이 흘러가는 것만 보이고 오는 것은 보이지 않으니 어찌된 까닭인지요?

산다고 하는 것은 끊임없는 자기개발과 노력뿐이라고 생각합니다. 무뎌져버린 감정과 빛이 바랜 관조(觀照)의 정서만이 남아 있지만, 정신적으로 나마 변화 전환하여 재충전하는데 힘써 왔습니다. 졸고를 앞에 놓고 보니 일생을 통해 배운다는 옛 성현의 말씀이 새롭게 다가옵니다.

모자라고 부끄러운 작품들을 한권의 시집으로 엮어 세상에 내보낼 용기를 주신 P교수님께 깊이 감사드립니다. 심신이 힘들 때, 독려와 격려의 힘을 실어준 평생을 같은 길을 걷고 있는 동반자 최현희 시인님께 고맙게 생각합니다.

2011 辛卯 早春

白岩 구용서

구용서 시집 **어머니의 기도**

제2부 / 삶의 변두리 밟기

제3부 / 계절읽기

제4부 / 시로 쓰고 남는 글

제5부 / 시집평설

제1부

모정시편

어머니 손 약손

삼복더위에 배탈이라도 난 날이면
용트림하며 발버둥 치는 배 만지시며

네 배는 똥배, 엄마 손은 약손이라고
배앓이 달래주시던 어머니의 약손

식민 시절 주렸던 배 채우느라
과식 했을 적마다

거위들도 더 먹으려 다투는 싸움질에
엎치락뒤치락 배앓이로 진땀 흘릴 때

아팠던 배 씻은 듯이 가라앉히시는
엄마 손은 요술쟁이 약손이었다

어머니의 기도

내 가슴에 피가 흐르는 한
어머니의 애절한 기도는
얼음을 녹여주고

사랑이 가득 담긴
목매인 기도는
증오도 녹여주는

언제나 따뜻하고
넉넉한 미소로
빌어주신 기도는
뜨거운 어머니의 눈물!

어찌 바다나
태산으로 비교 할 수 있겠는가!
피를 토하듯 사랑으로
태우신 어머니의 기도는

내 생명을 키우신 은혜

저 세상에서도
간절한 기도를 지금도
하고 계시겠지

어머니

불러도 대답 없는
대답대신
주름진 모습으로 와 주시는
어머니

어머니의 생애는
필름 아닌 영상으로 입력된
파노라마

엄동설한에도 아침이면
칼바람 앞세우고 가래 물동이에 물을 길어 오시고
얼음장 깨고 맨손 방망이질로 빨래하시던
어머니의 모습이며
땡볕 하루를 밭 일구시며 일하시고
찬밥 한 공기로 끼니를 때우시면서도
나는 배부르다 끼니를 건너뛰시던
어머니 모습

그런가 하면 청솔가지 땔감 손수 장만하셔다

아궁이에 불을 지피시며 흘리시던 눈물
연기 탓이 아닌 돌아가신 외할아버지 생각 난다시며
흘리시던 그 눈물로 내가 울며
불러보는 어머니

어머니 생각

동짓달 팥죽이 끓던 냄새
밤이 깊을수록 추워지는 겨울 밤

새벽달이 질 때면
개짖는 소리 뜸 해지고

사랑방 문풍지 드르릉드르릉
요란하던 소리에 쫓기 듯

기러기 떼 끼르륵끼르륵
눈물겨운 사연안고 지나가던 밤

어머님 주름진 얼굴
오늘도 그 날처럼

꽃베개 베시고
내 모습을 그리실까?

모정 : 1

기쁠 때도
슬플 때도 생각나는
이름 하나
어머니!

철들수록 잊혀 지지 않는
철들수록 잊지 못하는
그리움도 어머니

어머니 말고 또
무슨 이름이 있어
이 그리움 달래줄 수 있을 까?

모정 · 2

어머니의 가난으로
살이 찐

어머니의 가난으로 만
살찌울 수 있는
그리움은 사랑

사랑은 어머니가
흘리시던 눈물
눈물 보다 진한 피

진한 피를 흘리는 눈물로
불러보는 어머니

고향 · 1

홀로 수림 사이로 난 산길을 걷는다

어디선가 들리는 낯익은 목소리

뒤 돌아보니 떡갈나무뿐이다

한줌 흙을 쥐어본다

흙냄새 산향기가 솔솔 바람으로 풀린다

들꽃에 맺힌 이슬은

간 밤에 내려왔던 밤별의 흔적일까?

꽃순에 매달린 향기는 햇살의 흔적일까?

바람 편에 생각하는 것은 그리움 뿐

고향 · 2

한 짐 짐으로 안고
사는 그대 그리움
내려놓으면 더 무거워질
평생을 부려놓지 못할 무게

나뭇가지 끝에 앉아
잠자리 사랑을 나눌 때
그림자 거두며 멀리서
뭉게구름 비켜 간다

항시 날개 접지 못하고
내 마음 하늘 삼아 나는
그리움 찾아 날고 있는
잠자리 한 마리

잘 살고 있다는
소식만 들어도
나에게는 행복일 텐데

고향 · 3

이번 크리스마스엔 고향에 가서 별을 봐야겠다

툇 마루에 앉아서

어린 꿈을 키워 주었던 그 때 그 별들을

그리운 이름들과 함께 불러보고 싶다

크리스마스 트리를 세워야겠다

트리 꼭대기에 큰 별 작은 별 달아놓고

반짝이는 별들의 추억으로 펼쳐놓고

사랑하는 이들의 이름을 불러보고 싶다

고향 · 4

지금도 나는 호드기를 불며

그대 생각 속 길을 열고 달려간다

넓었던 개울이 좁아 보인다

크기만 했던 숲이 작아 보인다

높았던 산도 얕아 보인다

내가 어른이 되어서일까?

고추잠자리를 보고

그대 처음 만났던 날이 기억난다

얼굴뿐 아니라 마음까지 빨개지던 때 그 만남을

고향 생각 · 1

잠자리 날고
개똥벌레 짝지어
은하수 불 밝혔다

쿵쿵
물래방아 찰떡 찧고
철새떼 몰려오니

세상 달공 달공
세월풍년 좋을 씨고
언제 잃은 세월 되찾을 것인지?

여기가 바로 내 고향

고향 생각 · 2

해 지고 별이 뜨면
봄내음이 콧등을 간지른다
된장찌개 부글부글
졸아드는데

햇마늘 안주삼아 마시는
막걸리는 보약
땀 돋은 이마의
주름을 문질러본다

진달래 피고
두견새 울때
누렁엄마가
송아지를 낳아주어
경사라지만

농촌의 못자리는
마냥 늦어간다

내 고 향 · 1

청노루 뿔 갈 계절
꽃사슴 짝찾기 위해

구애의 애절한 사랑의 노래 들리고
떡갈나무 꽃가루와 향기로 겹칠한

산기슭 먼발치 저편에서
새끼 품은 산 꿩 날명 들명 푸득이고

북두칠성 긴 꼬리 어둠에
빗선을 그으며 새벽을 깨우면

더듬어 본 아득한 고향 길이
새벽과 함께 열린다

내 고 향 · 2

옛동산에 올라가
흙에 묻힌 추억을 주섬주섬 모아

호주머니 가득 담아와야겠다
한낮 태양 세례이듯 받으며

부모님 묘소 찾아 참배하고
부끄럼 없이 살겠다고 맹세 하고

서산에 지는 해를 바라보며
저녁 무렵 되면

구수한 손수제비 정담과 함께
나누어 먹으며

다 하지 못한 정 모아
사향(思鄕)바구니삼아 엮어 담아 보리라

내 고 향 · 3

떠오른 보름달 바라보며
옛날 함께 공부 했던
글방 친구들 불러 둘러앉아

환한 모닥불에 이글대는 얼굴 마주하며
지나간 옛 이야기로
피워 보고 싶다

추억속의 실타래 풀어 심지삼고
밭갈이, 김매기, 품앗이 하던
이야기들 기름삼아

호롱불 돋우며 하얗게 밤이 새도록
두둥실 얼싸 안아
춤추고 노래하고 싶다

그리운 내 고향

내가 태어났던 양철지붕 외딴집

집 뒤 울타리는 대나무 사철 푸르렀고

울타리 밑 앵두나무 빨간 앵두꽃이 필 때면

담 넘어 살구나무, 감나무, 대추나무도

철따라 시샘하듯 가지 붉혔는데

꼬불 꼬불 뱀길, 도랑 옆에 옹달샘

마당에 모닥불 피워놓고 이야기꽃이 한창 일 때

북두칠성 유난히도 크게 보이고

보름달은 환하게 우리 보고 웃고 있다

그런 고향이 수용되어 군 시설이 되었다

가 볼 수도 없는 곳! 가 보아도 흔적도 없는 곳!

꿈속에서나 마음대로 볼 수 있을까?

그리움 깔고 누워 꿈을 청해 본다

고향 길

신작로 두고도
지름길 삼아 샛길로 들어선다
논두길이 길을 잇고
밭둑길이 이은 길을 되받는다
알맞게 숨 차오르는
고갯마루 길도 싫지 않고
징검다리 냇길도 정겨웁다
마을 앞 느티나무 가지에
녹두새 한 쌍
옛사랑이 그랬듯이 사랑놀이 한창이다
눈 감고도
천리 길 돌아오는 고향 길
사향(思鄕)으로 길을 내어 걷는 나는
어느새 축지법의 달인이 됐나보다

고향 집 · 1

보름달 휘영청 밝은 밤
화로 불에 언 손이 녹듯
구수한 숭늉이 따뜻한 체온을 풀어준다

달 속의 토끼 한 쌍
계수나무 밑 터 잡아
은도끼와 금도끼로

초가삼간 집 짓는 밤이면
달빛도 호롱불 그리워
얼굴 비비며 쉬어가는 창가

어디선가 다듬이소리
멀리서 개 짖는 소리에 섞여 들려오면
오랜 가슴엣 병 사향(思鄕)
구름 흐르듯 아픔을 삭힌다

고향 집 · 2

버들강아지 눈 속에서
귀를 털고 봄빛을 맞듯
헛간에서는 씨감자 촉이 튼다

호미자루가 바빠진다
창틈으로 새어든 달빛이
창호지 바늘구멍으로 도망쳐 나간다

꿈길 따라 아롱지는 고향집 텃밭
아주가리 열매
토실토실 살이 찌면

우리 고모 시집가는 날
댕기풀이 쪽 지을
기름 짜리라

당신 · 1

내 눈에 나무 한 그루 심어주고 싶다

나무가 자라면 나무아래 쉬며 그리움을 먹으며

그 나무 아래서 그리움과 함께 사랑을 먹고 싶다

눈을 감고 마음 열면 미소 짓는 그대

다가서며, 물러서며, 산 넘고 강 건너던 긴 세월

희로애락을 함께한 세월이 금혼이라네

당 신 · 2

"사랑해"

이 말을 하기위해 며칠을 연습을 했고

지금도 서 틀러 다시 연습을 하고 있다

그 동안 이름도 못 부르고 아쉬움만 키웠던가

이제와 생각하면 이것이 진정한 사랑 이었나봐

총명한 사람 하루 세 번 반성 한다고 했는데!

나는 하루에 열 번도 넘게 당신 생각

내가 정말 부지런 한것인지

그대가 나를 부지런하게 만든 것인지

당신 생각 · 1

그리운 이를 그리워 할 수 있다는 것은
아픔을 배우는 일이다

배우면 배울수록
커지는 아픔

그 아픔에
업혀보면

그리움이 어머니란 걸
알 것이다

사랑의 어머니인 그리움
그리움에 업혀 사랑으로 큰다

당신 생각 · 2

당신의 눈빛 속엔
집이 하나 있다

사랑으로 울다 지친
집이 하나 있다

집엔 문이 하나 있다
사랑의 이름표를
달았을 때만이

출입이 허용 되는
문이 하나 있다

출입증은 오직 하나
하나인 출입증은
내 가슴에 달려있다

동반자

내 사랑 남김없이 그대에게 바치고 싶소
재산관리 부기법을 전수하고
건강관리 기법과
소외 받지 않고 사는 지혜를
몽당 전수하고 싶소

비록 빛은 바랬지만
은은하고 그윽히 번져 오는
삶으로 가꿔온 가지에서 풍기는
라일락 같은 향기와
지혜의 빛으로 반짝이는 총명함을 지팡이 삼아
함께 동행 하고 싶소

살아 있는 날들을 행복이라고 믿고
오래오래 그 행복을 함께 하며 걸어가는
동행이고 싶소

기다림

기다림을 갖고 산다는 것
갖고 살며

기다림으로 탑을 쌓는 다는 것
탑을 세워 탑돌이하며

한 발짝 한 발짝
그리움을 밟는 다는 것

그것은 기다림을 키우는 일이며
기다림으로 크는 일이다

키워 큰 키로 서면
탑이 되는 기다림

그리울 때면

네가 그리울 땐
파란 하늘을 본다

옛 친구가 그리울 땐
마알간 거울을 들여다 본다

어머니가 그리울 땐
가슴에 손을 얹어 본다

그리움으로 그리움을 달래보는
그리움의 치유

그 리 움 · 1

홀로 걷고 있다
누군가가 곁에 같이
걷고 있는 것 같았는데

둘러보니 아무도 없다
가슴이 아파 오도록
애절한 마음이 공허해 오는 것은

그대에 대한 그리움이
너무 짙은 까닭일까?
자주 만나지 못해
낯설어질까?

내 안의 당신!
늘 달려와서 반겨주던
늘 함께 걸었던 당신

그 리 움 · 2

봇물은 농사철만 흐르지만

그리움은 춘하추동 밤 낮 없이 전후도 없이 흐른다

강물은 비가 많이 와야 넘치지만

그리움은 마른 날에도 고여 넘친다

봇물은 이어주는 홈통에 물이 담겨야 흐르지만

그리움은 생각만 열어도 틈새 틈새에 넘쳐흐른다

그리움이 지친다는 말은 맞지 않는 말

지칠수록 솟구치는 것이 그리움이다

그리움 · 3

밤하늘의 별빛을 눈으로 부르니

그리움의 그리움도 함께 끌려온다

달빛을 가슴에 안으니 외로움이 된다

외로움이 되어 내 가슴에 달로 뜬다

창문으로 들어온 달빛이 천장에 편지를 펼쳤다

그리움으로 새긴 사연이다

밤새 달빛 두루마리로 펼쳐 편지를 썼다

편지 · 1

저녁 노을 원고지 삼아 그리움을 적어본다

지는 해 낙일로 떨어지기 전에 다 읽을 수 있을까?

가슴속 아프도록 감동하며 얼굴 붉혀 읽을까?

뜨는 반달 곁눈질로 훔쳐 읽지 않을까?

산마루에 머물면 바람에 날려가 지번 없는 낙엽 되지 않을까?

서둘러 편지 한 장 적어본다

그대를 그리워한다고!

편 지 · 2

내가 보낸 편지 그대는 읽을 수 있을까?

못다 했던 이야기들을 전하고 싶어서

떡갈나무 위에 그리움을 풀어 사연 그려 넣는다

갑자기 비가 내린다

지워질까 가슴 죄며 내 마음속에 옮긴다

첫눈 내리던 날 왔다 갈까?

그리움 전한다고 덧붙일걸 그랬지?

이별 연습 · 1

50년 동안 희노애락을 함께 했던 당신
불편했던 일이며 서운했을 때들
가슴 아파하며 슬펐던 일들
기쁨과 행복이 넘쳤던 시절과
서로 보지 않곤 못 배겼던 날들을
가슴 아파 하지 않을 자신이 없다오
결국은 떠나보내야 할 터인데!
떠날 날까지 그대에게 못다 한 사랑
더 잘 하겠다고 약속 하겠소
손이나 한번 잡아 보겠소
잊지 않겠노라고 약속 하리다 다짐하며

이별 연습 · 2

돌아올 수 없기에 떠난다는 말만은 하지를 마시오

돌아올 수 없기에 잊기라도 한다면

보내는 나는 어떻게 하라고

떠나는 당신에게 이유를 묻지 않는 것은

진정 그대를 보내기가 싫기 때문이라오

꼭 그렇게 눈물을 보여야 한단 말이오?

눈에 흘린 눈물이야 닦으면 그만이지만

내 가슴에 흠뻑 적셔놓은 눈물은 닦을 수도 없다오

항상 그대 생각에 젖어 있을 수밖에

산다는 것은

눈은 보라고 있고

귀는 들으라고 있고

생각은 그리움을 담으라고 있는 모양이다

사랑받는 것보다 사랑하기가 더 힘들고 어렵고

그리움은 조건도 대가도 없다

그래서 대가없는 그리움

그리움을 안고 사는 것이 사랑인가 보다

눈물

그리움에 흘리는 눈물은 거짓일 수 없다

진실만이 그리움을 지니기 때문이다

떠날 때 흘리는 눈물이나

잠시 떨어지는 아쉬움에 흘리는 눈물은

지나친 욕심이다

봄까지 기다리는 나무도 있고

철 따라 찾아오는 철새들도 있다

우리는 전화 하면

목소리를 들을 수 있잖아요

삶

산천이 얼어붙은

가슴 시린 추운 밤

별 하나 가슴에 담고

서러워 팽개친 소중한 일들

눈물을 씻어내어 꿈을 따라 가면

어디쯤 해 뜨는 언덕에 올라 있어

차가운 어둠의 무게 조금씩 밀어낼 수 있을까?

나그네 길

따갑고 아린 가시

가시에 찔린 상처

부스럼 만질수록 덧 나가는 길은 아픔

머리를 흔들어 떨쳐본다

덕지덕지 찌든 얼굴 하고

가도 가도 꼬리 무는 미련으로 꾸부러진 산길

비바람 부는 험준한 굽잇길을 가며

미련 없이 털어 버리고 싶은 등짐 등에 하고 가는

비루먹은 나그네 인생

부스럼 딱지 같은 아집의 지팡이를 짚고 길을 간다

상처

상처투성이 여린 가슴

커피 한잔으로 다독여 봐도

자꾸만 배어 나오는 눈물 거두지 못했다

뼈저린 아픔으로 구멍 난 마음

칭칭 붕대로 여며 지니고 살다가

강남 가는 제비 등에 실어 보냈다

하얗게 낡아빠진 그 날의 아픈 상채기들

아름다운 울음을 터뜨려 소독대신 닦아냈다

세월

세월로 재면
생의 길이는 얼마쯤 될까?

그 길 어디쯤에 쉬었다가
어디쯤에 닿아야
길은 끝이 날까?

황혼을 등에 짊어진
굽은 등 사내가
세월에 발자국을 찍으며

길을
가고 있다

인생살이

태어나면서 울음부터 배워
울고 왔다 울고 가는
끝내는 한줌 재로
바람 따라 귀천할 혼

환한 웃음 환한 가슴
한번 못 펴보고
끝내는 한줌 먼지
한줌 흙으로,
돌아가 묻힐

흙으로 태어났다
흙으로 돌아가는 인생살이
한줌 먼지로 흙으로 돌아간다

추억

계절도 없이 자라는
그리움으로
꽃피우는

피어 아름다움이 되고
슬픔이 되고
사랑이 되는

꽃이 아니면서
꽃보다 아름다운
내가 가진 것 중
그 중 소중한 것

사랑나무

사과나무는 사랑나무다

사과나무는 나무 가지도 잎도 예쁘지 않지만

사과가 달릴 때면 예쁘기 그지없다

사과가 크면 클수록 더 예뻐지고

붉게 물들 때면 우아하고 예쁘다 못해 황홀하다

추억이 생기고 사랑도 생겨 익어가고

행복이 주렁주렁 매달린다

사과 따는 계절이 오면 고향이 그리워진다

사과나무는 그리움 먹고 자라는 사랑나무다

사랑하는 나의 딸

뉴욕에 사는 딸에게 매주 일요일이면 전화를 한다
밤에는 뒤척이다 일찍 깨어나 출근을 하고
퇴근시간에 맞춰 딸에게 다이얼을 돌렸다
심장이 마구 뛴다
보고 싶으면 늘 뛰는 가슴엣병
두 시간여를 통화를 하고도
끊고 나서 목소리가 또 듣고 싶고
또 얼굴 한 번 보고 싶다
그리움을 접는데도 보고 싶고
접을수록 더 보고 싶다
진정한 사랑은 이런가 보다

혼수

다듬이 소리가
그중 깊은 어둠을 열어
길을 낸다

꽃가마 한 대
그 길로 가고 있다

원앙의 꿈 함께 싣고
고모님이 시집간다

다듬이 소리에 잠이 깨고
고모님의 꿈도 함께 깬다

제2부

삶의 변두리 밟기

달 · 1

초저녁 시골길을 걷는다

하늘의 별들이 반짝인다

달 하나가 그림자를 밟으며 따라온다

동구 밖까지 동행하다가

산위에 있겠다고 산등성이를 넘어갔다

그대가 달이라면

내 마음은 강물

방안이 점점 강물로 넘쳐나고

산으로 간다던 달이 강물에 떠 있다

달 · 2

달이 감나무 가지에 매달려 있다

빨갛게 익은 홍시가 달과 함께 매달려 있다

달을 딸까?

홍시를 딸까?

달을 따기로 했다

홍시는 내일 딸 수도 있지만

오늘 뜬 달은 내일 뜰 수 없기 때문에

그리움으로 살이 찐 저 달을 따서

홍시보다 붉은 내 가슴에 묻어줘야지!

바닷가 · 1

아마도 뭍이 그리운가보다
보채는 배앓이에
흰 버큼 토하며
한사코 밀려오는걸 보면

바닷가엔
뻘에 몸 박은 채
낡은 폐선 한척

세운 돛대위엔
이름 모를 물새 한 마리가

그림으로 박재 된 채
날아갈 줄을 모른다

바닷가 · 2

도시는 어둠에 덮힌 거대한
무덤으로 죽어있고

바다는 철석이며
흔들어 도시를 깨우지만
좀처럼 깨어 날 줄을 모른다

먼데서 등대불만
조등(弔燈)처럼
깜박이고 있다

피지의 해변 · 1

태평양 적도에 떠 있는 그림 같은 섬

짙푸른 수평선

흰 파도가 하얀 이를 드러내어 섬을 갉아댄다

수천 수억 년을 포위하고도

끝내 상륙하지 못한체 되돌아가는 파도

아득한 섬 위에

흰 구름이듯 돛단배 한 척

파란 물새 마리와 쌍으로 함께 떠 있다

피지의 해변 · 2

코코낫 늘어선

피지의 해변

성난 파도 고래 떼로 밀려왔다

밀려가고

야자수 높은 키로

구름 한 점 떠받들고 있다

피지의 해변 · 3

뜨겁게 타는

적도의 열기에

야자수 열매 익듯

사향(思鄕)이 익어간다

먼 수평 위론

떠도는 구름

한 폭의 그림으로 걸려 있고

산호초 다듬듯

가슴에 향수를 새긴다

피지의 해변 · 4

파도 위엔

돛단배

배 위엔

구름 한 점

태평양 푸른 바다

캔퍼스 삼아

한 폭의 그림으로

그려져 있다

논을 갈면

논을 갈면 새 흙 올라오고

묵은 흙 속으로 들어가

벼의 생육을 돕는다

내 마음을 갈면 거꾸로 묵은 그리움이 올라오고

새 그리움 속으로 들어가

더더욱 그리움을 키운다

논은 농번기 때만 갈면 되지만

그리움이 가득한 내 마음은

시도 때도 없이

날마다 갈고 또 간다

냇물

바위에 앉아

그대 생각 하는데

물소리가 톡톡 치고 지나간다

지나가면서 하는 말

“기다리지 말고 찾아가

우리처럼 몸 섞어라”라 말한다

냇물에 그리움 던져

그대에게 보낸다

불가능

사람이 하는 일에

불가능은 없다지만

사랑했던 사람을 잊는다는 것은

정말로 불가능한 일이다

사랑을 사랑답게 한 이는 이를 알고 있다

정말로 하기 힘 드는 것은

죽지 않는다는 것과

사랑하는 사람을 잊는다는 것

그리움이 살아 있는 한

사랑은 죽지 않는다

바람

바람이 분다

바람에 날릴까봐

앞에 가는 이가 모자를 잡는다

그대 생각 날아 갈 까봐

나는 내 마음을 잡는다

그대 따라 가야겠다

어디로 불어 갈지 모르는 바람

동행으로

그댈 따라 가야겠다

우물

우물 속엔

어리는 모습이 있다

들여다보면 나르시스의 혼으로 떠 있는 얼굴!

떠서 담아내야 할까?

그냥두고 돌아갈까?

내 마음에 우물을 파 두레박질 하면

퍼내도 퍼내도 바닥이 드러나지 않는

그대 그리는

그리움

산불

여기는 금단의 성역 태초의 밀림지대
늑대 이리도 범할 수 없는 샘터
모성의 텃밭
뭇 생명이 움트는 곳
그러나 지금은 별빛도 피하려는 무덤골짜기
푸른 산림은 어디가고
앙상한 등골만 남아있다
이제 사랑을 가꾸듯 나무를 심어 그대를 초청하련다
우리들 가슴엔 핏빛 사랑이 익어가고
전설 같은 이야기가 강물처럼 굽이치게 하자
굽이 굽돌이 하리니

등산 · 1

하늘을 채양 삼고, 나무 그늘을 모자삼아

넓적 바위 침대삼아 드러누워 본다

나무도 가지도 지팡이가 된다

하늘과 땅과 골짜기 숲길이 동행으로 친구한다

우짖는 새소리, 흐르는 골짜기 물소리도 앞서거니 뒤서거니
내 친구가 된다

여기가 고향이 되고, 그리움이 되어 세월로 쌓였다

그 세월 속에 묻어둔 그리움을

가슴에 안고 오는 하산 길엔 늘 석양이 앞을 섰다

등산 · 2

참나무 숲 사이를 묵묵히 걷고 있다

상수리 하나가 머리 위에 툭 떨어지면서

그립냐? 또골또골 구르는 소리로 물어 본다

잘 생긴 바위 하나를 담아 가려 한다

짙푸른 소나무도 한 구루 담아 가려 한다

넓은 숲과 산새소리와 함께 한 발 한 발 내딛는 행보를 따라 간다

걸으며 골짜기 물 흐르는 소리가 옆에 선다

푹신한 가랑잎

그 위에 편히 쉬고 싶어진다

오솔길 · 1

그대 생각을 하며 오솔길을 걸었다

그리움이 발자국마다 찍혔다

내 마음을 잃었던 길이었는데

그대 볼 수 있도록

맑고 고운 그리움이 다리 놓아 길을 열어준다

오솔길이 외로우면

나뭇잎이 달래고 바람이 달래 주지만

그대 생각은 아무도 달랠 수 없나보다

그리움을 따라 그대 곁으로 가는

오솔길을 걷는다

오솔길 · 2

숲속을 걷다가 강을 만났다

내 마음 끝자락에 그대 있는 것처럼

나무들의 그리움도 강이 있었나보다

외로울 때 마다

몸을 비트는 나무들 때문에

숲길이 굽었다고 하나보다

내 안의 길도 좁아 졌겠지?

날마다 그대 생각에 뒤척여 왔으니까

뒤척이며 저어보는 노

그대의 강을 건너본다

열쇠

그대는 하루를 여는

소중한 열쇠

자리에 누워 있는데 잠은 어디로 가고

벌떡 일어난다

가득한 그대 생각 뿐

조금 전 하품과 졸음은

아침을 여는 열쇠였나 보다

그리움도 덩달아 아침과 함께 열린다

거미줄

거미는

줄망을 쳐놓고 먹이를 구하고

나는 그리움을 엮어 쳐 놓고

그리울 때 그 생각을 잡는다

그대 머물 자리에 거미줄을 쳐 놓고 싶은 것은

흔적 하나라도 얻고 싶어서이다

그대 생각날 수 있는 것이라면

모두 소중하니까!

벽시계

시계는 매달려 하루하루를 산다

시계침도 매달려 같이 산다

무슨 소리가 들리는 것 같다

이 늦은 시간에 누구일까?

느리지도 빠르지도 않게

소리에 맞춰 앞으로만 간다

이와는 달리 한사코 나는 되돌아간다

그대를 처음 만났던 날로!

묵묘

누구의 명부(冥府)일까?

잔디 위에

망초, 질경이, 엉겅퀴, 칡덩쿨 엉키고,

말 없는 사연 울타리로 둘러치고 있다

잊지 말자 묻어놓은 바윗돌 하나!

거무 튀튀 이끼 낀 정막 속에 서 있고

무덤 앞 흙먼지 속에 나 뒹군

낡은 비석 하나 묵묘를 지키고 있다

밤하늘

북두칠성 쳐다보며
고향을 더듬는
초록빛 여름밤

별빛 장대비처럼
쏟아 내리는
논두렁에는
선잠깬 개구리들 늘어진
하품소리 요란하고

뒷산에서 들려오는
두견새 울음소리는
구슬펐다

구슬픈 울음소리
자장가 삼아 잠든
따오기 깃치는 새벽녘 이면

삼태성
미소 지우며
서산에 잠겼다

허수아비

인적 드믄 두메산골 논배미에
목발 짚고 선 허수아비
새떼 다 날아가 버리고
돌아올 기미 없는데

누굴 기다리는
기다림으로 서 있는가
개구리참외 같은 머리통에
눈 찍고 코 그리고, 이빨 악물고

거기에다 의관이랍시고 걸친 밀짚모자
형벌처럼 항시 팔 들고
선채로 벌이 되어버린
풋벼 나락되고 낟알 영글어도
빈 가슴 채우지 못하는 허수아비

허수아비
빈 가슴으로
살아온 세월을 돌아본다

6·25 전쟁 · 1

먼 산 푸른 이마를
쪼개며 들려오는
작열하는 포성소리

서울이 무너지고
한강다리 끊어졌고,
수원도 무너졌단다

무더운 여름밤
쫓기는 자와 쫓는 자의
땀에 젖은 아우성소리
땅을 치고 통곡 했다

6·25 전쟁 · 2

아득히 들리는
뻐꾸기 울음소리를 삼키며

형제끼리 겨룬 총구가
토해 내는 동족상잔의 절규

논두렁 밭두렁
감자밭 호박 넝쿨

골골마다 피 흘리고 죽어간
형제였던 아군 적군

그 날의 치를 떨었던 일들
어찌 잊으리까?

6·25 전쟁 · 3

순박한 젊음 꽃피워 보지 못한 채
산화한 그리운 모습

반동으로 굴래 씌워
이유도 죄도 없이 총살당한 옛 친구며
처형당한 부모 형제

복받쳤던 비통함과 억울함
지금도 지워지지 않았는데
가슴치고 통곡하는 국군묘지의 진혼곡에도

자리를 찾지 못해 떠도는
생령들은 어찌 참을 수 있으랴!

6·25 전쟁 · 4

겹겹 산자락 메아리로 감으며
음산하게 멀리서 들려오던
아득한 포성

멀어진 그 포성과 함께
형은 살아졌다

적탄에 산산 조각 난
징병 통지서를 받고나가
영영 돌아오지 못했던

우리 형들이 불렀을
어머니! 어머니!
눈을 부릅뜬 채로 죽어간
젊은 주검들!

얼마나 애타게 살고 싶었을까?
한 많은 쓰리고 아픈 사연들만
들꽃으로 피어있다

6·25 전쟁 · 5

밀고 밀리고 쫒기고 쫒은
백마고지 전선

돌격 후퇴 돌격 후퇴로
끌고 당기는 톱날에

수 없이 잘려 나간
피 끓는 젊음들과 함께
무너진 능선에

찬이슬 내린 전선의 달 밤
부모님!
가슴앓이 무덤을 판

전사 통지서 한 장
한줌의 재의 소지로
하늘에 날려 보냈다

6·25 전쟁 · 6

승 패자 없이 포성은 멈췄다
비탈진 황토길 판문점

녹슨 철책에도 철되어 봄은 돌아오는데
우리의 통일은 어디쯤 오고 있는 것일까?

수천 년 한 핏줄로 이어온
우리의 가슴과 가슴 맞대고
언제쯤 언 땅을 녹일 수 가 있을까?

두 동강난 우리 아픔 통일 부르는 종소리여
멀리 북녘의 새벽을 알리는 꼬꼬소리는
몇 해를 더 들어야 할까?

6·25 전쟁 · 7

청승스럽게
염통을 찍어대는

빼꾸기 코끝을 스치는
아리디 아린 어린 찔레꽃 향기

무너져 내리던 강언덕과 함께
내려앉은 유월의 가슴을 베고

감자밭 가에 녹 슬은 총 한 자루
잡초 속에 누워있다

제3부

계절읽기

계 절

겨울 내내
깊이 얼어붙은
파란 달빛
봄은 무너지고
돌섬 동백
빨갛게 멍이 든채
짙푸르게 새 여름을 한아름 안고
출렁이더니
가을이 밟고 간 낙엽으로 찍은
발자국의 징검다리를 건너
성큼 겨울이 문턱에 다가선다

봄이 오네 · 1

옷깃을 스치는 바람

산달래 눈꼽을 뜯어낸다

할미꽃, 민들레, 개나리, 진달래!

보란 듯 빛 자태 뽐내고

개살구꽃 질세라 가지 흔들어 멋을 풍긴다

라일락 꽃향기

향내음이 골목에 가득하고

산까치 날개짓 하며

짝을 부른다

봄이 오네 · 2

산도라지 잎틔워

봄맞이 하면

화사한 산벚 꽃잎이

무지개처럼 빛을 뿌려 흩 날린다

논두렁 밭두렁 씀바귀 뜯는

처녀 등께로 햇살 흘러내리고

개울 밑 메기도 침흘리며 짝을 구한다

옹달샘 깊은 물 맑은 샘 줄기 조잘대고

노총각의 풀피리소리

서글픈듯 낭랑하다

봄이 오네 · 3

진달래 긴 잠 깨 하품 하고

버들강아지 귀를 털며 내민다

아지랑이 머리 풀어 산발로 흔들리고

꿀벌들 바쁜 날개짓에 향이 묻어난다

보리밭 이랑 봄바람 파도로 출렁이면

종달새 갈매기 인듯 하늘 높이 난다

봄이 오네 · 4

깊은 잠에서 깬 나목들은

새록새록 잠을 털어내며 눈을 뜬다

보릿고개 애달파

풍년새는 가난 서러워 우짓고

구구구 비둘기도 따라 운다

세차게 불어오는 흙바람이

대지의 갈증을 쓸어다 언덕 너머로 퍼내고 있다

봄이 오네 · 5

냇가 버들가지 새 운기로
햇살을 불러 모으고 있다
싹이 원추리 잎 사이로 고개를 내민 도라지가
꽃보다 고운 파란 꿈을 꾸고 있다
산새 들새 날개짓 하며
지지배배 배가 고픈지 입덧인지 재잘대고
실개천 건너 보리밭 고랑엔
아가씨들이 봄을 캐고 있다
쑥 뜯고 달래 냉이 캐는
봄처녀 가슴에 몸살낀듯
사랑앓이가 시작된다

봄

창경원으로 봄 구경 나왔다

앵두나무 밑에 난초가 곱게 머리를 빗어 내렸다

나싱개 파릇파릇 입덧을 하며 봄 재촉 한다

연못가 질경이도 몸 비비며 자리다툼을 하고 있다

개나리가 파도 물결 준비를 한다

수양버들이 연초록 머리를 헹구기 위해 수면을 들여다보고 있다

진달래 꽃망울도 부풀대로 부풀어 더는 못 참을것 같다

연못에는 청동오리 사랑놀이 즐기는 쌍쌍들!

꽃

꽃 가득 피워놓고

자랑하는 벚나무

꽃 떨어지고

잎 떨어져 봄과 함께 돌아갔다

다시 봄까지 긴 시간을 기다려야 다시 꽃을 볼 수 있지만

그 때나 지금이나 그대는

계절도 없이 피어있는 꽃

그 꽃 벗하며 그리움으로 사는 이 행복

봄 향기

아침 이슬
함초롬이 풀숲에 내려앉아 촉촉하다
시냇물 흐르는 소리
옥을 굴리듯 돌돌돌 맑다
푸드득 나는 장끼 울음에
할미꽃이 놀란 듯 활짝 웃고
동면에서 깨어난 먹개구리 울음소리에도
해빙의 얼음장 밑으로 헤엄치는 피라미 꼬리와
산 까치, 산비둘기 날개짓에도
봄이 묻어 있다
오랜만에 햇볕 나들이한
양지밭에 새끼 염소 한가로이 풀을 뜯고
외양간 송아지 시샘하듯
이리 뛰고 저리 뛴다
멀리 올려다보는 하늘에도
파랗게 봄이 묻어난다

보리밭

보리밭 이랑 타고
보리 고개 넘어 온다

보리 고개 넘어 오면
고개처럼 허리가 휜다

휜 허리 펴 올려다보면
파란 하늘은 가난으로 쉽다

남루한 삶의 경작
한 이랑 베어다 하루를 살고
또 한 이랑 베어다
허기를 채운다

보리 고개 넘으며 살아온
오늘의 풍요 뒤엔
그날의 휜 허리가 있었다

여름

땡볕 아래 매미 쓰르라미의 울음소리가
목덜미에 흐르는 끈끈한 땀에 메아리처럼 감겼다
오솔길 풀섶에선
여치, 배짱이 노래가 한창
미풍 한 점 없는 폭염에도 막 내릴줄을 모른다
논다랑이 묘포기 틈으로
잘 잘 잘 돌 샘물이 차갑게
가슴 적시며 흐르고
솔바람 싣고 흘러가는 뜬구름
졸졸졸 흐르는 맑은 샘물소리 따라
들녘을 건넌다

구름

내 마음 갈피갈피 접어둔 사연

애써 가리어 다독이던 아픈 사연을

바람 따라 흘러가는 구름에다 띄어 보낼까

바람에다 띄워 보낼까?

아니면 구석구석 얼룩진 마음

부채 바람으로나 날려 보낼까?

세월 따라 흘러가는 눈으로 보내는 흰 구름아

멀리멀리 아픈 사연 실어가 다오

비 내리는 날 · 1

비가 내린다

내려 땅이 촉촉히 젖는다

그리움도 젖을까?

젖어 마음도 비를 맞을까?

벗을 수도 말릴 수도 없는데

비는 계속해서 쏟아지고

쏟아져 가슴은 폭우를 맞아 흙벽까지 젖는다

비가 내리면 내 마음은 닫혀있고 하늘도 어둡다

닫힌 하늘 저쪽으로 갠날의 하늘이 보인다

비 내리는 날 · 2

비가 내리면

하늘나라에 있는 친구가 그리워진다

비가 내려 그리움이 젖으면

빗방울 소리에 당신이 그리워진다

그리움 자리 우산을 펼치면

우리는 나란히 빗길을 걷는 동행이 된다

지금 당신은 어디 있을까? 달려가 우산이 되어주고 싶다

비가 내리면

멀리 떠난 그대가 더욱 그리워진다

억새풀

밭둑
들녘 여기저기에
억새마을 이루고
피어 있다

피었다고는 하나
꽃이기엔
너무 볼품없고
꽃이 아니기엔
제마다 꽃으로 피어있다

꽃이면 어떠며
아니면 어떠랴!

계절 따라 피고 지면서
세월로 사는 것을

마지막 잎새

거두는 것일까
버리는 것일까
나목으로 돌아가는
나무는

어찌
나무뿐이겠는가
인생도 거두거나
버렸을 때만이
자연으로 돌아 갈 수 있는 것을

그 이치 좇아
오늘도
거두며 버리며 산다

귀뚜리

오늘 밤은

귀뚜라미 너도 슬픈가보다

저 달까지 따라 우는걸 보면

귀뚜리는 내 마음까지도 읽어버린 모양이다

부지런히 우는 귀뚜리를 데려다가

창가에서 기른다면

날마다 그대 생각에

마음은 쓸쓸 하겠지만!

또 쓸쓸함 달래 주려

쓰 르 쓰 르 르 울어 주겠지!

겨울나무

나무는 몸 가볍게 하기 위해 잎을 털어 내고

두꺼운 껍질로 겨울을 산다

삭풍이 몸을 휘감을 때 마다 추위에 떤다

그리움 타는 나는 그대생각을 지핀다

그리워하는 마음은 추위보다 강하다

겨울 쑥

언 땅 다 녹이고

맨 먼저 올라오는 강인한 기백

다 어디에 버리고

그렇게 흉한 몰골로 서 있을까?

쑥은 언제나 귀한 생명 땅속에 묻고 있다가

문득 쑥 나오는 것이 쑥이다

내년 봄 쑥쑥 나오기 위해 기다리는 중

쑥처럼 내안의 그대도

쑥 한 번 나와 봤으면!

제4부

시로 쓰고 남는 글

어머니의 손

나는 어머니의 임종을 보지 못했다. 내 어머니는 미국에 있는 큰 손자가 현대자동차회사 과장으로 파견근무 중인 곳 '테트로이트'에 2개월을 작정하고 가셨다. 떠나실 적에 상비약을 충분하다싶게 준비해 가져가셨다. 전화로 대화할 때면 "애야, 내가 이렇게 호강을 다 하는구나" 하시면서 그렇게도 좋아하셨다. 그러면서도 주말이면 손자를 통해서 대화를 하셨다. 6주쯤에 전화통화 하면서 다급하게 말씀하셨다. "애야, 소화제가 다 떨어졌어, 소화가 통 안 된다" 하시며 소화제를 많이 보내달라고 하셨다. 워낙 젊어서부터 약을 좋아하셨기 때문에 서둘러 소화제와 몇가지 약을 부쳐드렸다. 두 달을 채우시고 오신다던 어머니는 약속된 시일도 채우지 못하고 미리 돌아오셨다. 공항으로 어머니를 배웅을 나갔다. 출입국으로 나오시는 어머니의 얼굴이 새까맣게 되어있다. 깜짝 놀란 우리 부부는 서둘러 병원에 입원을 시켜드렸다.

대학병원 담당의사로부터 '담도 암(癌)'이라는 선고를 받고, 그 해 6월부터 늦가을까지 지리하고도 막막하던 나날은 환자인 당신 못지않게 온 가족의 가슴을 바짝바짝 태워야 했다. 치유불능이라는 내과 H과장님도 선뜻 퇴원을 승낙하지 않고 최선을 다해보자는 소리만 할 뿐이다. 가족 역시 지레 포기하는 것은 도리도 아니려니와 있을 수도 없는 일이라 생각했다. 병실에 누워 계시는 동안 백방으로 서둘러 좋다는 짓은 다 해보았으나 허사였다.

3개월이 지나고 4개월 째 접어들면서 어머니의 병세는 완연티가 나게 악화돼 가고 있었다. 본래 육덕이 좋으시고 풍채가 넉넉하신 분이 식성 또한 왕성하셨던 어머니셨다. 아내가 날마다 밥 숭늉을 주걱으로 1시간 이상을 저어가며 오래 끓여 조리에 받혀 걸쭉한 미음을 만들어 드셨다. 평소에 하시는 말씀이 "나는 구첨지네 집으로 시집와서 굶기를 밥 먹듯 하고 죽도 아닌 조당수를 하도 먹어서 아무리 아파도 죽은 안 먹고 싶다" 미움도 질색을 하시며 드시지 않던 어머니셨다. 그런 와중에도 아내에게 "얘야, 이렇게 비싼 방에 너무 오래있어 입원비가 너무 들겠다. 여럿이 있는 입원실로 옮겨다고"하시며 아들 돈 쓰는 것을 미안하게 생각하셨던 어머니셨다. 당시 미국에서 연구를 해가지고 왔다는 순환기 내과전문의 젊은 의사는, 어머니의 방에 와 차트를 보고 병 증세를 자세히 설명하여 주었다.

자기가 최초로 도입한 시술을 한번 받아보라고 권고를 했다. 환자인 어머니이게도 그랬지만 우리 가족에게도 희망이 열리는 제안인 것 같아서 한 가닥 희망을 주었다. 그런데 내과 담당의사는 "그것 시술해야 환자만 괴롭다"고 하면서 "병의 진행속도와는 무관하고, 돈만 많이 드는 짓을 해야 아무런 효과를 보지 못하고 환자분이 생고생 합니다"라고 한다. 양쪽에서 줄다리기 하는 동안 아내가 하는 말로는 "어머니가 원 하시는 것 같고, 시술을 받으면 혹시 호전될지 모르니까 한번 시술을 하는 것이 좋을 것 같다"고 했다.

평생을 가족을 위해 봉사를 하신 분에게 돈을 더 쓰고 잠시라도 기분이 편하시다는 일이 아닌가! 나는 결심한 끝에 아내 말대로 그 의사에게 시술을 하도록 통보하였다. 그는 새로운 활기를 띠고 빠른 속도로 신명나게 시술을 진행했다. 결국 옆구리를 뚫어 담즙이 나올 수 있도록 주머니를 달아놓았다. 얼마 동안을 하루에도 몇 차례씩 주머니속의 담즙을 비워야 했다. 그 궂은 일을 묵묵히 맡아하는 아내에게 미안하기도 했다. 그렇게 하다가 소화가 안 되면 받아낸 담즙을 컵에 따라 냉장고에 넣었다가 그 담즙을 먹여 드려야 했다. 쓸개즙이 얼마나 쓸까마는 어머니는 소화된다는 의사의 말대로 잘마셨다. 그런 보살핌을 시간마다 날마나 되풀이 하는 어려움에도 간병인은 절대로 쓰지 않는 아내에게 고맙고 미안할 뿐이었다. 그리고 2주쯤 지난 다음 용수철(스탠트)은 담도 안에 넣는 시술을 했다. 12월 초에 일단 퇴원을 하셨다. 집에서는 더욱 온갖 신경을 써야하는 아내가 측은할 뿐이다. 3주쯤 그런대로 편하신 것 같더니 갑자기 증세가 악화되어 다시 응급실로 들어갔다. 처음 선고를 했던 H과장님이 빨리 중환자실로 옮겨갔다. 3주 동안을 아내가 중환자실 앞 복도에서 새우잠을 자며 지켰지만! 당시에는 중환자 대기실이 없고 복도에서 스츠러풀을 깔고 지냈다.

다음해 1월 18일, 토요일 아침에 끝내 79세를 일기로 세상을 하직하셨다.

그 누구보다도 삶에 대한 욕망이 크셨던 어머니는 속이 상하실 적에는 "이놈의 세상, 나 눈만 딱 감으면 그만이지"하고 곧잘 입버릇처럼 하시던 그 말씀도 정작 몸져눕게 되고 날로 쇠약해지시니 그런 말씀은 한 번도 입밖에 내 비치지 않으셨다. "몸이 약하면 마음도 약해진다"는 말이 있다. "장병(長病)에 효자(孝子)없다"라는 말이 천만부당한 말인지 모르나, 나같이 범상인에게는 점점 체감(體感)으로 저며 왔다. 자식이 부모를 생각하는 마음이 부모가 자식을 생각하는 마음에 결코 못 미침을 뼈아프게 느꼈다. 어느 어머닌들 맹모(孟母)나 사임당(師任堂) 같지 않은 분이 있을까마는, 모든 그 아들들이 맹자나 율곡(栗谷)이 될 수 없음이라. 과연 자식도 육신은 다른지라 돌아가신 부모를 두고 서러워라 함이 빈말임을 누가 부인하랴! 결코 포기할 수 없는 일이다. 현대 의학의 불가사의(不可思議)인 이 암퇴치를 위해서 세계 각국에선 지금도 끊임없이 연구가 계속되고, 희망을 잃어가는 환자들이 기대할 수 있지 않은가! 내일이라도 신비의 약이 만들어질 지도 모른다는 희소식만을 기다리는 악성 암 환자들이 내 어머니만이 아니지만, 나 혼자만의 불효자식이 된 느낌이다.

어머니의 운명전갈을 받던 날, 내 마음이 예외로 차분했던 것 같다. 모처럼 정돈된 아침에는 참으로 오랜만에 이발도 하고

목욕도 하고, 그리고 잠시 어머님에 대한 근심도 잊은 채, 급하게 결재할 일 때문에 사무실로 향했다. 그때 전화가 걸려왔다. 오늘일까? 내일일까? 하고 초조히 하루하루를 보내던 나로서는 올 것이 왔구나 하는 기분이었다. 나는 이상하게도 눈물이 나지 않았다. 나의 눈물은 이미 6개월 전에 선고를 받던 날 밤에 병원 복도에서 혼자 다 흘려버린 것이다. 그 무너지는 듯한 슬픔, 찬바람 몰아치는 벌판에 혼자 선 것 같은 그 스산한 느낌을 나는 지난 6개월 간의 나날 속에서 맛보았던 것이다.

어머니의 시신을 입관할 때 마지막 어머니의 모습에서 나의 오열이 다시 수렁논 생수처럼 터져버린 것이다. 그 누구도 믿기지 않을 만큼 어머니의 얼굴은 평화로와 보였다. 그 육중하시던 육체가 하나도 상해보이지 않고 유들거리는 피부다. 중환자실에서 간병하던 아내의 초췌하게 야윈 얼굴로 눈물까지 범벅이 되어 왜소한 몸매와는 대조를 이루고 있는 게 아닌가!

준비해 놓았던 수의를 입혀드리는 데 입관하는 직원들의 말에 "어허~이 할머니는 평소에 덕을 많이 쌓으시고, 잘 드셨겠는데요" 하면서 끙끙거리며 힘이 드는 눈치였다. 모두 준비한 봉투를 차례대로 머리 부분부터 상주들이 놓아주니까, 신바람이 나서 깔끔하게 입관을 서둘렀다. 왜냐 하면 암세포는 자라는 과정에서도 평소에 워낙 위장은 좋은데다 작은 아들과 사위가 어디서 들었는지 돈암동의 뱀탕집에서 2개월 동안 보온병에 가져와서 매일 그 약을 드렸다. 사람들이 하는 말에 의하면 '잘

먹은 귀신은 때깔도 좋다'라는 말처럼 어머니는 그렇게 풍채 하나 변하지 않은 채로 저 세상으로 가셨다. 그보다 더 아프게 나의 가슴을 쳤던 것은 마지막으로 만져본 어머니의 손, 그 손톱에 남아있는 봉선화 꽃물이었다. 그 봉선화 물은 미국에서 손자 며느리하고 함께 들였다고 자랑하셨던 손톱이었는데! 아직도 손톱 끝 부분에 봉선화의 붉은 무늬가 조금씩 남아있었다. 참으로 허무하다. '죽음'이란 존재의 마지막 모습이다. '인생이란, 이승에 잠깐 왔다 가는 한 토막의 연극과 같은 것이 아닐까? 그래서 인생을 무상(無常)하다 했던가?

우리 집 텃밭과 어머니

우리 집 넓은 마당 끝에 텃밭이 있었다. 나무 울타리로 경계를 두른 텃밭에서는 사시사철 먹을거리가 자라고 있었다. 상추, 아욱, 쑥갓, 부추, 가지, 오이, 딸기, 토마토, 호박, 옥수수, 감자, 마늘, 고추, 완두콩, 들깨, 더덕, 도라지, 콩, 팥, 동부, 배추, 무, 토란, 고구마 등 사철 그 곳에서 나지 않는 것이 없었다. 울타리 둘레에는 철따라 꽃이 피고 있었다. 속담에 "꽃을 좋아하면 눈물이 나는 일이 많다 했는데.." 우리 어머니는 무슨 사연이 그리도 많으셔서 갖가지 색깔로 피어나는 꽃나무들을 가꾸셨는지 모르겠다. 마당가에는 목련, 개나리, 철쭉, 작약, 라일락, 나팔꽃, 채송화, 분꽃, 봉선화, 맨드라미, 서광꽃등, 수십 가지도 넘게 가꾸셨다.

텃밭 구석 밖 돌담 가에는 배시감나무와 밤나무, 살구나무, 자두나무도 있었다. 그 나무 덕분에 어린 시절에는 여름부터 늦가을까지의 허기를 채우곤 했다. 우리만 먹은 것이 아니라 우리 동네사람 치고 우리 과일나무에 한번 손대지 않은 사람이 없었다. 어머니는 자투리 시간이 있을 때 마다 텃밭에서 엎드려 계셨다. 마음이 언짢은 일이 생겨도 텃밭에서 호미질을 하신다. 밥을 먹다가도 슬쩍 일어나 풋고추와 오이 상추를 금방 가져 오셨다. 우리 집 텃밭은 어머니뿐 아니라 온 가족들의 사랑을 받으며 씨앗이 자라고 열매를 맺었다. 나도 언제든지 아침에 세수를 하고나면 대야에 물을 분수처럼 공중에 날려 꽃밭에 뿌렸다. 닭들도 텃밭에 들어가 흙을 파헤치고 무엇을 계속 쪼아먹고 그 곳에 배설을 하고 다니니 기름진 땅이 된 셈이다.

나는 어린 시절에 곡식에 씨앗이 있는 것도 모르고 어머니가 흙에서 손으로 그냥 상추도 만들고, 고추도 만들어 내는 줄만 알았다. 내 눈에는 어머니는 마술사이고, 마술을 하는 공연장 같았다. 비가 온 뒤에는 훌쩍훌쩍, 쑥쑥 자라나는 생명의 변화와 경이로움에 눈을 뜨게 만들어준 곳이 어머니의 텃밭이다. 잎이 나오고 열매가 생기는 과정이 저마다 다르며, 크게 보면 모두 같다는 것을 알게 되었다. 텃밭에는 한구석도 빈곳이 없었다. 땅이 귀했던 때이기도 했지만 어머니는 어떤 경우에도 땅을 놀려두는 것은 용납하지 않고 봄에서 늦가을까지 철따라 새로운 씨앗을 뿌려 가꾸셨다.

이른 새벽부터 밤이 늦도록 일만 했던 어머니의 삶처럼 우리 집 텃밭은 일년 내내 봄이면 씨 뿌리고, 뜨거운 여름이면 잘 성장하도록 풀을 매주고, 열매가 달리면 그 열매들을 수확하시느라 어머니는 늘 바빴다. 하늘과 땅과 사람이 같이 힘쓰지 않고 온전히 자랄 수 있는 곡식이 또 있을까? 그것이 텃밭의 곡식과 야채뿐이었을까?

울타리 따라 피는 꽃들이 더욱 아름다워 보였던 것은 꽃들이 어머니를 닮아 다른 곳에 핀 꽃들보다 고왔기 때문일 것이다. 이른 봄에서 늦가을까지 우리 집에는 꽃이 피어 있었다. 고단하고 바쁘신 중에도 틈만 있으면 어머니는 늘 꽃을 가꾸셨다. 항상 꽃처럼 은은한 향기나는 미소를 지니셨다. 일을 하실 때도, 자식을 대할 때도, 잔잔한 미소를 잃지 않으셨다. 겨울에는 텃밭 빈자리에 짚가리를 해 두었다. 마당가에는 김장독을 묻어놓고 겨울동안에 시원하고 감칠맛 나는 배추김치와 동치미를 해가 바뀌고 초봄까지 맛있게 먹었었다. 텃밭 한 쪽에는 깊숙이 땅을 파고 무를 묻어두고 겨울 내내 꺼내 먹기도 했다. 그 시절에는 냉장고가 없기 때문에 이런 방법으로 겨울동안 저장해서 먹고 살아왔단다. 눈꽃이 피어나면 참새 뱁새 떼들이 날아와 짚가리에서 쉬었다. 긴 겨울 동안은 모처럼 텃밭에서 엎드려 일하시는 그 모습을 꿈속에서 본다. 이것이 영감(靈感)의 소통이 아니랴!

귀 달린 비단 황구렁이

지난 1952년 5월 온 천지에 초록의 물결이 한창일 때, 나는 대학 2학년 재학중이었다. 신열이 나고 바튼 기침도 하면서 온몸이 나른했었다. 아무래도 심상치 않아 서둘러 '대전 도립병원'에서 진찰을 해본 결과 폐결핵 진단을 받았다. 별증세도 없이 가끔씩 기침을 하면 가래에 혈담도 비쳤다. 체중이 감소하고 권태감도 생기는 듯했다. 폐결핵은 결핵균에 의해 보균한 환자의 균을 흡입하여 발생하는 질병이라 했다. 당시에는 폐결핵이라기보다 폐병, 핏병이라 불리었다. 이 병이 걸렸다 하면 죽는 사람이 더 많았다. 우리 면내에서만 1년에 30명 이상이 폐병으로 죽어 나갔다. 내 남동생 셋 중 둘은 홍역으로 죽고, 한명이 폐병으로 죽었다. 논산군 두마면 내에 대학생이 세명밖에 없을 때인지라 나의 폐병 소식은 톱뉴스거리였다. 상태는 폐 양쪽에 공동이 두 개 생겼고, 아랫 쪽으로 두 개가 생기려 한다고 말했다. 즉 폐병 3기에 와 있다는 의사의 소견을 받았다. 치료는 약과 주사를 맞고, 음식은 고단백 식품을 먹어야 된다고 했다. 내 복약은 '파스짓', 주사약은 스트랩트마이신, 이 모두 국내 치료 약품이 전무한 때인지라 수입품에 의존해야 했다. 고단백질은 육류보다 더 고단백인 뱀을 먹는 것이 제일 좋다고 했다. 어머니는 이미 폐병으로 아들 하나를 잃었던 관계로, 귀하디귀한 장손이 죽을병에 걸렸으니 백방으로 아들을 위하여 기도하고, 이병에 좋다는 약은 어떠한 어려움이 있어도 동분서주하며 뛰어 다니셨다.

뱀은 물과 먹이 없이도 장기간 살 수 있고, 땅속에서도 장기간 동안 살아 날 수 있다. 뱀은 청솔모, 다람쥐, 쥐, 새, 개구리, 토끼 등 주로 온혈동물을 먹고 살아간다. 구렁이로는 진덕 구렁이, 황구렁이, 흑질 백질 석 구렁이, 황색 넉 점 구렁이, 복색 구렁이, 능사 등 큰 것은 2m 이상의 것도 있다. 독사로는 칠점사, 까치살모사 등 큰 것은 소주병 굵기에 1m나 되는 놈도 있다. 뱀은 폐(肺), 간(肝)을 다스리고, 소산(消散), 보양(補陽)을 시켜준다. 육신을 건강하게 혈행(血行)을 좋게 한다. 고단백질, 비타민A, 토고페롤 등 영양소를 고루가지고 있다고 한다. 병중, 병후 회복이나 산후(産後)조리에 좋고, 특히 폐병에는 더 없이 좋은 보양식이라 했다. 그 중에도 초가을 뱀이 효력이 제일 좋다고 했다. 우리 집에서 2km 떨어진 곳에 사는 친구가 매일 아침 6시에 와서 주사를 놔주고 갔다.

여러 마을에서 뱀을 구해야 했기 때문에 독사는 나무 2짐 값, 구렁이는 나무 3짐 값으로 정해놓고, 큰 것은 1짐 값을 더 쳐주기도 하였다. 아버지는 뱀 상자를 만들어 그 속에 저장해 놓고, 매일 한 마리씩 끓여 먹였다. 뱀탕 맛은 닭국보다도 훨씬 맛이 좋은 편이었다.

날이 흐리고 비가 올 것 같은 날에는 10여 마리 이상 들어오지만, 날씨가 며칠씩 가물 때면 뱀이 잡히지 않았다. 인적이 드문 시골마을이지만 더구나 폐병 환자가 있는 집이라 사람들의 왕래가 거의 끊겼다. 오직 주사를 놓아주러오는 친구가 와서 주사를 놓고는 즉시 가버린다. 고맙기도 했지만, 금방 가고나면 너무나 섭섭한 생각이 생기며 내 인생이 슬퍼진다. 뱀을 가져온 사람들도 돈을 꺼내시는 어머니 손을 보다가 계산이 끝나기가 무섭게 인사를 하고 황급히 달아난다.

어느 동네 누가 폐병으로 죽었다는 소문이 돌때면, 어머니는 놀라서 속마음을 태우며 가슴을 졸이기도 했었다. 그나마 대학생 집이라고 장에 나서면 부러워하며 앞 다투어 인사를 하였었는데.... 낮에는 따스한 햇볕과 함께 마루에 앉아 있거나, 마당가에 있는 살구나무 밑에 자리를 깔고 누워 일광욕을 한다. 가끔 냇가 바위 위에 자리를 깔고 주로 누워 파란 하늘을 올려다 보고 기도를 해보기도 했다. 간간히 잔기침이 나고 각혈(피를 토하는 것)이 시작되면 계속 피를 뭉쿨 뭉쿨 토해내야 했다. 그럴때면 어머니는 피를 보지 못하게 눈을 감으라고 하시며 치마를 벗어 계속 토해내는 피를 닦으셨다. 접어서 닦고 또 접어 닦으시며 눈물을 철철 흘리셨다. 그런 후에 간간히 찬물을 마시면 각혈이 멈췄다.

아침 식사하고 1시간 후에 뱀탕을 데워 먹이고, 마루 위에 물 두 사발을 떠다놓고 가만히 누워있으라 하시고 밭에 잠깐 다녀

온다 하고 집을 나가셨다. 2시간이 지나고 3시간이 지나도 어머니는 오시지 않으셨다. 1시간 이상 내 곁을 떠난 적이 없었던 어머니였는데, 나는 불안하였다. 걱정스러워 지팡이를 짚고 조심스럽게 사립문을 나가려는데, 어머니가 저쪽에서 오고 계셨다. 어머니는 맥주병보다 굵고 길이가 2m이상 되는 '귀 달린 비단 황구렁이'를 끌고 오시는 게 아닌가! 머리는 쪽이 풀려 산발이 되었고, 얼마나 놀라운 기력으로 안간힘을 썼으면 저렇게 되셨을까? 짐작이 갔다. 맨발에 땀과 눈물이 범벅이 되어 옷과 몸에서 빗물처럼 내리고 있었다. 쇠스랑에 매달인 구렁이만 꼭 잡고 엉엉 울고 계셨다. 그러면서도 나를 보시고 지팡이를 잘 집고 조심조심 걸어서 마루에 누워있으라 하셨다. 뱀탕을 얼른 끓이려고 했으나 마당가에 있는 뱀탕 그릇에는 작아서 어림도 없어 사용하지 못하였다.

부엌에 있는 큰 가마솥에 죽을 힘을 다해 구렁이를 우구려 넣었다. 정성껏 뼈도 녹을 정도로 푸욱 끓여 곰탕을 만들어 놓으셨다. 지금까지 먹던 어느 뱀탕보다도 양도 많았고, 어떤 뱀탕보다도 진하고 맛이 특별했다. 한 그릇을 먹고 나면 식은땀이 줄줄 흐르면서 몸이 한결 개운하고 가벼워진 느낌을 주었다. 식으면 묵처럼 응고되어버린다. 시원하게 보관해 놓고 조금씩 덜어 일주일이 지나도록 먹었는데도 질리지 않게 어머니는 옆에서 후식으로 엿이나 과일을 주셨다.

어머니가 '귀 달린 비단 황구렁이'를 잡아 묶어내는 이야기는 한마당의 활극이었다. 쇠스랑으로 밭골을 골라주려는데 갑자기 커다란 구렁이가 나타났다. 빠르고 너무 커서 처음에는 무섭고 겁이 나 잠시 멈칫 했지만, 내 자식의 병을 고쳐야 하겠다는 일념이, 두려움과 위험이 앞서는 순간 잡아야 한다! 내가 눌려 죽더라도 너를 잡아야 한다. 아들을 한번 생각하면서, "야~앗!" 소리를 내고 울며 악을 써가며 쇠스랑으로 머리 부위를 누른 뒤에 오른발로 힘차게 몸통을 눌렀다. 상산(常山)의 뱀처럼 머리를 누르면 꼬랑지를 휘두른다. 꼬랑지를 누르면서 대가리를 후려쳤다. 재빠르게 치마끈을 풀어 몸통을 묶고, 치마를 벗어 찢어서 구렁이를 묶고 또 묶어 잡아끌고 오셨다. 어머니는 아들을 살리려는 간절한 사랑에 감화되어 "너의 약이 될 귀 달린 비단 황구렁이 한 마리를 조상님이 보내주셨다"고 좋아하셨다.

매월 한 번씩 7십리 떨어진 대전 도립병원에서 X레이 검진을 받고 결과를 확인한다. 오늘 아침 일찍부터 서둘러 병원에서 X레이 검진을 했다. 늘 검사를 할 적마다 시험을 보는 수험생처럼 조마조마 했다. 담당의 선생님은 반색을 하시면서 "어머니 축하 합니다. 생길 듯이 강세이던 공동이 소멸되는듯 하고, 두 개의 공동도 세균성이 약해졌다"고 했다. 어머니와 나는 병원을 나와 국밥집에서 국밥을 시켜 먹었다. 어머니는 오늘따라 국밥이 유난히도 맛이 좋다고 하시면서 아들을 바라보고는 "6개월 만에 이렇게 좋아졌으니 부처님 조상님께 감사드리자"고 하셨다. 그 후부터 어머니는 밭에 나가실때면 반드시 쇠스랑을 가지고 다니셨다. 보양한 보람으로 나의 건강은 날마다 좋아졌다. 병이 완쾌되고 건강이 회복되었다. 내가 다시 생명을 되찾고 학교에 다니게 된 것은 아들에 대한 어머니의 무한한 정성과 사랑이 빚어낸 결실이다. 어머니의 위대한 사랑을 어디에 비할 수 있으랴! 그렇게 엄청나게 큰 '귀 달린 비단 황구렁이'를 쇠스랑으로 잡아다 손수 끓여 먹일 수 있었던 것은 자식을 가진 어머니의 위대한 사랑의 힘이었기이 가능했다. 어머니는 그 당시 겪었던 일을 회상하시며 우리 앞에 어떠한 어려움이 닥쳐온다 해도 그때 일을 생각하면 헤쳐 나갈 자신이 있다고 하셨다.

제5부

시집평설

시로 보여준 긍정적 삶의 自我擴大力 돋보여

박 진 환
(문학평론가 · 문학박사)

Ⅰ. 前提

최초의 고향은 어머니, 제2의 고향은 계모라는 말은 러시아인이 즐겨쓰는 격언이다. 고향과 어머니를 동일시 한 것은 다같이 따뜻한 안식의 품이 되어 준다는 점에서 틀린 말이 아닐듯 싶다.

이러한 등식은 어머니를 고향으로, 고향을 조국으로 확대해석할 수 있는 또 다른 의미역을 성립시킨다. 이른바 시적 암시나 상징이 또한 그러하다.

일찍이 많은 시인들은 고향을 노래해왔고, 고향을 노래하지 않은 시인이 없을 만큼 고향은 시의 대상이자 주제이면서 시 자체이기도 했다. 고향이 시 자체일 수 있었던 것은 사향이나 향수와 같은 고향애와 함께 고향이 환기시키는 시적 정서에 시인들이 잘 길들여졌기 때문일 것으로 추정하기는 어렵지 않다.

고향을 통해 어머니를, 어머니를 통해 고향을 노래할 수 있는 시인은 행복하다. 고향에는 유년과 추억과 사랑이 있고, 시대적 아픔이나 현실적 반대력을 피해 조용히 안식할 수 있는, 안정대를 구축할 수 있는 무풍지대가 되어주기 때문이다.

어디 그 뿐만이겠는가. 고향을 지니지 못한 채, 실향민으로 떠돌아야 하는 현대인의 고향상실의 비극적 낭인의 삶에서 보면 고향을 지니고 산다는 것은 행복을 배가해주는 것이 될 수도 있다.

언제고 돌아가 유년과 추억과 사랑을 벗하고 노래하며 쉴 수 있는, 구축된 안정대로서의 고향은 그래서 따뜻한 어머니의 품이 되어줄 수 있고, 이 점에서 고향은 어머니라는 메타포의 등식을 성립시킨다.

이러한 고향과 어머니를 노래하며 傘壽 가까운 나이에 시를 출발시킨 시인이 있다. 白岩 구용서 시인이 상재한 시집 『어머니의 기도』가 바로 그것이다. 어머니에 대한 사랑과 추억과 그리움, 고향에 대한 아련한 향수와 사향이 씨와 날로 교직되어 펼친 한폭의 비단같은 思鄕譜로서의 『어머니의 기도』에는 3부에 나누어 1백여 편의 시를 수록하고 있는데 시의 중심자리에는 제1부 「모정시편」이 놓일 듯 싶다. 그것은 이 1부 시편에 시인이 노래하고 싶은 시적 精粹들이 고스란히 들어 있다고 보여지기 때문이다. 그 때문에 제2부와 3부의 시편들은 1부 밖의 삶에서 체험했거나 체험을 통해 삶을 재구성한 삶의 편린들을 형상화한 것으로 보여지기도 하는데 시를 제시, 구체화 했을 때 어해를 도울 것으로 여겨진다.

2. 素材 아닌 시적 精粹로서의 어머니와 고향

시집 제1부 「모정시편」에는 시 「어머니의 기도」를 비롯해 모두 46편의 시가 수록되어 있다. 여기에서 46편이라는 수치는 수록시 100여 편의 반에 가까운 수치라는 점에서 제1부 「모정시편」의 비중을 가늠케 해주고 있다.

비중은 경중의 비교나 질량 따위의 비교가 아닌 시집의 중심에 놓일 수 있는 중점을 두는 정도나 중요성을 의미한다. 달리 말하면 시집 『어머니의 기도』가 지니는 중점이나 중요성이 제1부 「모정시편」으로 대표된다는 뜻으로서 이 시집의 비중을 가늠하게 하는 척도가 되어준다는 뜻이기도 하다.

모정시편은「어머니」,「어머니 생각」,「모정」등의 타이틀로 6편이 수록되어 있고, 고향시편은 「고향」, 「고향 생각」, 「내 고향」, 「고향길」, 「고향집」 등의 타이틀로 15편이 자리를 차지, 1부 「모정시편」의 중심 자리에 놓여지고 있다.

먼저 어머니 시편부터 제시해 본다.

가) 기쁠 때도
슬플 때도 생각나는
이름 하나
어머니!

철들수록 잊혀지지 않는

철들수록 잊지 못하는
그리움도 어머니

어머니 말고 또
무슨 이름이 있어
이 그리움 달래줄 수 있을까?

나) 어머니의 가난으로
살이 찐

어머니의 가난으로만
살찌울 수 있는
그리움은 사랑

사랑은 어머니가
흘리시던 눈물
눈물보다 진한 피

진한 피를 흘리는 눈물로
불러보는 어머니

다) 내 가슴에 피가 흐르는 한
어머니의 애절한 기도는
얼음을 녹여주고

사랑이 가득 담긴
목매인 기도는
증오도 녹여주는

언제나 따뜻하고
넉넉한 미소로
빌어주신 기도는
뜨거운 어머니의 눈물!

어찌 바다나
태산으로 비교할 수 있겠는가!
피를 토하듯 사랑으로
태우신 어머니의 기도는

내 생명을 키우신 은혜
저 세상에서도
간절한 기도를 지금도
하고 계시겠지

예시 가)는 「모정 1」, 나)는 「모정 2」, 다)는 「어머니의 기도」의 각기 전문이다. 예시 가)는 철들수록 그리워지는 어머니에 대한 간절함을 노래하고 있고, 나)는 어머니의 희생으로 살찌울 수 있었던 어머니와 어머니가 흘린 눈물이 되었다는 피와 눈물의 동일시를 통해 혈통의식을 일깨우고, 그 혈통의식의 피인 눈물로 어머니를 불러보는 일종의 사모곡이다.

그리고 예시 다)는 어머니가 빌어주시던 기도라는 음덕을 기리면서 어머니의 사랑과 희생과 봉사에 감사하는 은혜를 노래하고 있다. 그리고 이러한 사모곡을 통한 어머니의 음덕에 대한 감사는 시로 다 써담지 못한 여적 형식으로 4부에 곁들인 수필 「어머니의 손」, 「우리집 텃밭과 어머니」, 그리고 「귀달린 비단 황구렁」에 잘 나타나 있다. 특히 아들의 폐결핵을 치유해주기 위해 '귀 달린 비단황구렁이'를 손수 잡아다 탕으로 끓여주시던 어미의 헌신에 감사하는 글에서는 시로써는 다 담아낼 수 없는 어머니의 은혜에 대한 진솔함이 감동으로 와닿게 하는 호소력으로 작용하고 있어 화자의 어머니에 대한, 심회의 저변까지를 읽게 해주고 있다.

어머니와 함께 1부를 장식한 고향시편을 제시해 본다.

가) 오솔길 고개 넘어
아스라이 보이는 둥근 돌담으로 울타리 친 마을 하나
초가집 지붕 위에 살찐 박덩이
여기저기 앉아 있고
자리 못한 놈은 줄에도 매달려 있다
달빛 엿듣는 낡은 돌창 틈으로
그리움 사무치는 떠난 이의 고달픈 삶과 넋을
혼자서 부둥켜안고
몸부림치는 사향(思鄕)

나) 지금도 나는 호드기를 불며
그대 생각 속 길을 열고 달려간다
넓었던 개울이 좁아 보인다
크기만 했던 숲이 작아 보인다
높았던 산도 얕아 보인다
내가 어른이 되어서일까?
고추잠자리를 보고
그대 처음 만났던 날이 기억난다
얼굴 뿐 아니라 마음까지 빨개지던 때 그 만남을!

다) 신작로 두고도
지금길 삼아 샛길로 들어선다
논둑길이 길을 잇고
밭둑길이 이은 길을 되받는다
알맞게 숨 차오르는
고갯마루 길도 싫지 않고
징검다리 냇길로 정겨웁다
마을 앞 느티나무가지에
녹두새 한 쌍
옛사랑이 그랬듯이 사랑놀이 한창이다
눈 감고도
천리 길 돌아오는 고향 길
사향(思鄕)으로 길을 내어 걷는 나는
어느새 축지법의 달인이 됐나보다

예시 가)는「고향생각 1」, 나)는 「고향 4」,다)는「고향길」의 각기 전문이다. 예시 가)는 시골에 고향을 둔 사람이면 누구나 한번쯤 떠올릴 수 있는 전원풍경을 한 컷으로 재단해다 놓은 것 같은 소박한 마을을 재현해 내고 있다. 그러면서 이 풍경보 후경에서 작용하는 것은 종행처럼 '몸부림치는 사향(思鄕)'이다. 이 또한 시골을 고향으로 누구나 환기시키는 고향에의 항용의 그리움쯤이 된다. 화자의 사향도 예외는 아니다. 그러나 사향의 발상이 '고달픈 삶과 넋을 혼자서 부둥켜 안고'에서 보면 타향살이의 고달픔에서 연유된 사향으로 볼 수 있게 한다. 그리고 이러한 사향은 돌아가고 싶은 고향에의 귀향의식을 동반하기 마련이고, 귀향하여 어머니의 품처럼 포근히 쉬고 싶은 안식 또한 수반되기 마련이다.

어머니 품으로서의 고향엔 유년이 있고 사랑이 있고, 아름다운 추억이 있기 때문이다. 예시 나)는 바로 한 컷의 추억을 빌어 가버린 날의 유년과 사랑을 함께 담아내고 있다. '호드기를 불며' 달리던 유년이 그러하고, '그대 생각 속 길'이 그러하다. 그런가 하면 '그대 처음 만났던 날'의 기억과 '얼굴 뿐 아니랴 마음까지 빨개지던 때 그 만남' 또한 그러하다. 유년과 사랑이 함께 배어나는 사랑과 추억의 요람인 고향은 그래서 귀향에의 꿈을 키우게도 하고 꿈을 좇아 달려가게도 한다.

예시 다)는 이를 잘 말해주고 있는데, '신작로', '샛길', '논둑길', '밭둑길', '고갯마루길', '징검다리 냇길' 등의 길을 말해주는 시어들은 회향의식과 무관하지 않다. '천리길 돌아오는 고향길'의 길목이 되어 주고 지름길이 되어주기도 하기때문이다. 끝내 화자는 '눈감고도/천리길을 돌아오는' 고향길을 '사향으로 길을 열어' 고향 나들이를 되풀이함으로써 '어느새 축지법의 달인'이 되기에 이른다. 예시가 보여주는 이러한 사향과 귀향을 통한 유년과 사랑과 추억 속 나들이에 길들여진 축지법의 달인이 되기까지에는 그러한 정신역동이 작용했던 動因을 제공해 주고 있다.

프로이트는 현실 저쪽의 過去世로 돌아가는 것을 잘 길들여진 옛으로 돌아가는 退行으로 정신분석적 진단을 내린바 있다. 현실적 위협으로서의 반대력이 전진을 가로막을 때 물러선다는 진단이다. 뒤로 물러서면 거기에는 필연적으로 옛이 있고 옛 속엔 고향과 유년과 추억이 있기 마련이게 된다. 아무런 현실적 반대력이 없는 추억이나 유년이나 고향으로 돌아가는 퇴행을 감행함으로써 현실적 위협에 대처하고자 하는 디펜스 메커니즘을 감행한다는 이치쯤이 된다.

구용서 시인이 시로써 보여준 어머니의 품이나 그리움을 통한 모성에의 귀의의식이나 유년, 추억, 사랑, 고향에의 귀향의식도 이러한 정신역동의 맥락에서가 아니었을까? 하는 의문을 제기해 볼만 하다. 헌데 문제는 화자의 시편에는 현실 도피로서의 자아협소화가 수반한 退行이라기보다는 자아확대력으로서의 퇴행으로 보여진다는 점을 간과할 수 없게 한다.

過去世로의 도피가 자신의 현실이나 미래를 열어갈 통로가 차단된 현실수용에 실패했을 때 감행하는 자아협소화의 퇴행인데 반해 자아확대력을 통한 과거세로의 퇴행은 그 반대의 경우를 성립시키기 때문이다.

현실적 위협으로서의 반대력에 대처하기 위한 디펜스 매커니

즘으로서의 도피행이 아니라 현실적 삶이나 현실수용에 성공함으로써 미래는 물론 잃어버렸거나 두고온 현실 저쪽의 공간까지를 현실공간에 편입시켜 삶의 영역을 확대하고자 하는 자아확대력의 정신역동에서 비롯된다는 점에서 그러하다.

구용서 시인이 보여준 일련의 모정이나 고향의식 등도 바로 후자쪽인 過去世마저도 현실에 편입시키고자 한 자아확대력의 발로가 아닐까? 이러한 설의에 대한 답은 1부 밖에 수록된 시편에서 찾아볼 수 있게 하는데 먼저 시부터 제시해 본다.

가) 논을 갈면 새 흙 올라오고
묵은 흙 속으로 들어가
벼의 생육을 돕는다
내 마음을 갈면 거꾸로 묵은 그리움이 올라오고
새 그리움 속으로 들어가
더더욱 그리움을 키운다
논은 농번기 때만 갈면 되지만
그리움이 가득한 내 마음은
시도 때도 없이
날마다 갈고 또 간다

나) 그대는 하루를 여는
소중한 열쇠
자리에 누워 있는데 잠은 어디로 가고
벌떡 일어난다

가득한 그대 생각 뿐
조금 전 하품과 졸음은
아침을 여는 열쇠였나 보다
그리움도 덩달아 아침과 함께 열린다

다) 꽃 가득 피워놓고
자랑하는 벚나무
꽃 떨어지고
잎 떨어져 봄과 함께 돌아갔다
다시 봄까지 긴 시간을 기다려야 다시 꽃을 볼 수 있지만
그때나 지금이나 그대는
계절도 없이 피어있는 꽃
그 꽃 벗하며 그리움으로 사는 이 행복

예시 가)는 「논을 갈면」, 나)는 「열쇠」, 다)는 「꽃」의 각각 전문이다. 예시 가)는 경작일기가 아닌 그리움의 경작일기다. 일종의 '마음밭'을 갈아 그리움을 경작하는 정서적 논갈이를 영농의 경작에 빗대어 형상으로 재구성 해주고 있는데 이는 그리움이 정신적 에너지가 되어주고 있기 때문이다. 메마르지 않는 마음밭, 그리움으로 적셔 싹이 돋게 하고 꽃을 피우게 하는 에너지로서의 그리움을 경작하는 정신 노동은 자아확대력의 정신역동만이 경작이 가능한 놀갈이쯤이 되어주게 된다.

예시 나)의 '열쇠'는 닫힌 문을 여는 열쇠다. 그러나 열리는 것은 문만이 아닌 닫힌 과거세의 공간을 열어준다는 데서 열쇠의

기능이나 의미를 초월하게 된다. 그리고 이러한 이치는 아침을 열어 하루를 열려있게 하는 확대공간으로 확장된다. 이 역시 자아확대력의 정신역동의 산물이 아니겠는가.

예시 다)의 '꽃'은 한 사물에 불과할 수 있다. 그러나 구용서 시인의 시에서의 「꽃」은 시행처럼 '계절도 없이 피어있는 꽃'이다. 그리고 이 꽃은 벗하고 사는 삶을 행복으로 여기는 그러한 벗으로서의 꽃이다. 여기에서 '꽃'은 단순한 꽃이 아니라, 정신적 開花로서의 꽃을 의미하게 된다. 이 또한 자아확대력의 소산이 아니겠는가.

또 하나 간과할 수 없는 것이 제3부에 수록된 계절시편 중 유독 봄시편이 많다는 점이다. 봄의 이미지가 소생, 부활, 생명이고 보면 개화로서의 '꽃'의 의미는 정신적 개화와 함께 생명, 부활, 소생의 의미까지를 지니게 된다는 점에서 자아확대력의 또 다른 면모를 보여준 것이라 할 수 있다.

3. 결어

이상은 구용서 시인의 첫 시집 『어머니의 기도』를 일변해본 것을 제시한 것이 된다. 이를 결론적으로 집약하면 구용서 시인의 이번 시집이 보여주는 주제이자·메인 이미지인 '어머니'나 '고향' 시편들은 過去世 지향이 아닌 자신의 삶과 정신적 영역을 확대하고자 한 자아확대력의 메타포로서 過去世 마저 현실공간으로 편입하고자 한 긍정적 삶의 형상화였다는 점에서 설득력으로 작용하는 시적 성과를 거두었다고 할 수 있을 것으로 본다.

•

구용서 시인은 호는 白岩. 충남 논산군 두마면 부남리 백암동(신도안)생으로 국민대 경영학과를 졸업(경영학 박사)했고, 국제 부동산 학회 회장,한국증권분석사협회 회장, 국제라이온스협회354복합지구 사무총장 등을 역임했으며, 현재 한국문인협회 회원. 동광물산 (주)대표이사 회장(현).등을 맡고 있다.

주소는 서울시 성북구 돈암동 609-1 한신APT 111-702. E-mail: yskoo2775@hanmail.net Tel: HP: 011-226-4344

•

조선문학시인선 289

어머니의 기도

2018년 2월 9일 재판인쇄
2018년 2월 12일 재판발행

지은이 / 구용서
발행인 / 박진환
펴낸곳 / 조선문학사
등록번호 / 1-2733
주소 · 03730 서울 서대문구 통일로 389(홍제동)
대표전화 / 730-2255
팩스 / 723-9373
ISBN 978-89-93614-52-7

정가 8,000원